Spansk Gastronomi

En Kulinarisk Rejse til Solens og Smagens Land

Luisa Sørensen

INDHOLD

WHISKEY KYLLINGEPUDS

12 kyllingelår

200 ml fløde

150 ml whisky

100 ml hønsebouillon

3 æggeblommer

1 fjer

Mel

olivenolie

salt og peber

UDVIKLING

Smag til med mel og brun kyllingelårene. Slet og reserver.

Svits det finthakkede løg i samme olie i 5 minutter. Tilsæt whiskyen og flamber (klokken skal være slukket). Tilsæt creme fraiche og bouillon. Kom kyllingen tilbage og steg ved svag varme i 20 minutter.

Tag af varmen, tilsæt æggeblommen og bland godt for at tykne saucen lidt. Smag til med salt og peber evt.

TRICK

Whisky kan erstattes med den alkoholiske drik, vi foretrækker.

STEGT AND

1 ren and

1 liter hønsebouillon

4 dl sojasovs

3 spiseskefulde honning

2 fed hvidløg

1 lille løg

1 cayennepeber

frisk ingefær

olivenolie

salt og peber

UDVIKLING

I en skål kombineres kyllingebouillon, sojabønner, revet hvidløg, finthakket cayennepeber og løg, honning, et stykke revet ingefær og paprika. Mariner anden i denne blanding i 1 time.

Fjern fra marinaden og læg på en bageplade med halvdelen af marinadevæsken. Steg ved 200°C i 10 minutter på hver side. Læg penslen i blød konstant.

Skru ovnen ned til 180°C og steg yderligere 18 minutter på hver side (fortsæt med at riste hvert 5. minut).

Fjern anden, sæt til side og reducer saucen til det halve i en gryde ved middelhøj varme.

25

TRICK

Grill fuglene med brystsiden nedad først, det vil gøre dem mindre tørre og saftigere.

VILLAROY KYLLINGEBRYST

1 kg kyllingebryst

2 gulerødder

2 stilke selleri

1 løg

1 porre

1 majroe

mel, æg og rasp (til pensling)

til béchamel

1 liter mælk

100 g smør

100 g mel

Jordnød

salt og peber

Kog alle rene grøntsager i 2 liter (koldt) vand i 45 minutter.

Tilbered imens bechamelsaucen og brun melet i smørret ved middelhøj varme i 5 minutter. Tilsæt derefter mælken og rør rundt.

Tilsæt krydderier og muskatnød. Kog ved lav varme i 10 minutter uden at stoppe med at slå.

Dræn bouillonen og steg brysterne (hele eller fileterede) i 15 minutter. Tag ud og lad afkøle. Brun andebrystene godt med bechamelsaucen og gem dem i køleskabet. Når de er kolde, overtræk dem med mel, derefter æg og til sidst rasp. Steg i rigeligt olie og server varmt.

TRICK

En fremragende creme kan laves af bouillon og hakkede grøntsager.

Citron sennep kyllingebryst

INGREDIENSER

4 kyllingebryst

250 ml fløde

3 spiseskefulde brandy

3 spiseskefulde sennep

1 spiseskefuld mel

2 fed hvidløg

1 citron

½ forårsløg

olivenolie

salt og peber

UDVIKLING

Skær brysterne i lige store stykker med lidt olivenolie, krydr og brun. Forbehold.

I samme olie brunes finthakket løg og hvidløg. Tilsæt mel og kog 1 minut. Rør brændevinen i, indtil den er fordampet, og tilsæt fløde, 3 spsk citronsaft og -skal, sennep og salt. Lad saucen koge i 5 minutter.

Kom kyllingen tilbage og lad det simre i yderligere 5 minutter.

Riv citronen, inden du presser saften ud. For at spare penge kan den laves med strimlet kylling i stedet for kyllingebryst.

BAGET BILLEDE MED BLOMMER OG SVAMPE

1 malet

250 g svampe

Port 200 ml

¼ liter hønsebouillon

15 udstenede blommer

1 fed hvidløg

1 tsk mel

olivenolie

salt og peber

Smag til med salt og peber og bag perlehønen med blommerne i 40 minutter ved 175°C. Vend halvvejs gennem tilberedningen. Efter dette tidspunkt, fjern og gem saften.

Brun 2 spsk olie og mel i en gryde i 1 minut. Tag et bad med vin og lad det reducere til det halve. Tilsæt sauce og bouillon. Kog i 5 minutter under konstant omrøring.

Separat steges svampene med lidt hakket hvidløg, tilsættes saucen og koges op. Server perlehønen med saucen.

Til særlige lejligheder kan perlehøns fyldes med æbler, foie gras, hakket kød og nødder.

VILLAROY KYLLINGEBRYST FYLDT MED PIQUILA KARAMELISERET MED MODENA Eddike

INGREDIENSER

4 kyllingebrystfileter

100 g smør

100 g mel

1 liter mælk

1 dåse piquillo peberfrugt

1 kop Modena eddike

½ kop) sukker

muskatnød

Æg og rasp (til pensling)

olivenolie

salt og peber

UDVIKLING

Brun i smør og mel i 10 minutter ved svag varme. Hæld derefter mælken i og kog i 20 minutter under konstant omrøring. Tilsæt krydderier og muskatnød. Fedt nok.

Karamelliser imens peberfrugterne med eddike og sukker, indtil eddiken begynder at tykne.

Krydr fileterne og fyld med piquilloen. Pak brysterne ind i gennemsigtig folie som fast slik, forsegl og kog i vand i 15 minutter.

Når det er kogt, pensles alle sider med béchamel og pensles med sammenpisket æg og rasp. Steg i rigeligt olie.

TRICK

Tilføjer du et par spiseskefulde karry, mens du koger béchamelmelet, bliver resultatet anderledes og meget rigt.

KYLLINGEBRYST FYLDT MED BACON, SVAMPE OG OST

4 kyllingebrystfileter

100 g svampe

4 skiver røget bacon

2 spiseskefulde sennep

6 spiseskefulde creme fraiche

1 løg

1 fed hvidløg

skiveskåret ost

olivenolie

salt og peber

Krydr kyllingefileterne. Vask og kvarte svampene.

Steg baconen og svits de hakkede svampe med hvidløg ved høj varme.

Fyld fileterne med bacon, ost og svampe, og forsegl derefter med perfekt gennemsigtig folie. Kog i kogende vand i 10 minutter. Fjern folie og filet.

Brun til gengæld løget skåret i små stykker, tilsæt fløde og sennep, steg i 2 minutter og bland. Kyllingsauce

Gennemsigtig aluminiumsfolie kan tåle høje temperaturer og giver ikke smag til maden.

KYLLING I SØD VIN MED BLOMER

1 stor kylling

100 g udstenede blommer

½ liter hønsebouillon

½ flaske sød vin

1 fjer

2 gulerødder

1 fed hvidløg

1 spiseskefuld mel

olivenolie

salt og peber

UDVIKLING

Krydr kyllingestykkerne med olivenolie på en meget varm pande og svits dem. Tag ud og reserver.

I samme olie brunes finthakket løg, hvidløg og gulerod. Når grøntsagerne er gennemstegte tilsættes melet og koges i endnu et minut.

Bad i den søde vin og skru op for varmen, indtil den er næsten helt reduceret. Tilsæt bouillon og tilsæt kylling og svesker igen.

Kog i cirka 15 minutter eller indtil kyllingen er mør. Fjern kyllingen og bland med saucen. Med salt.

37

TRICK

Hvis du tilføjer lidt koldt smør til den revne sauce og rører med et piskeris, vil den tykne og give den en blank finish.

ORANGE KYLLINGEBRYST MED CASHEWNØDDER

INGREDIENSER

4 kyllingebryst

75 g cashewnødder

2 kopper frisk appelsinjuice

4 spiseskefulde honning

2 spiseskefulde Cointreau

Mel

olivenolie

salt og peber

UDVIKLING

Krydr brysterne og drys dem med mel. Steg i rigeligt olie, fjern og stil til side.

Kog appelsinjuicen med Cointreau og honning i 5 minutter. Tilsæt brysterne til saucen og lad det simre i 8 minutter.

Server med saucen og cashewnødder.

TRICK

En anden måde at lave en god appelsinsauce på er at starte med ikke særlig mørke slik, hvortil der tilsættes naturlig appelsinjuice.

UDVALGT KØB

INGREDIENSER

4 agerhøns

300 g løg

200 g gulerødder

2 glas hvidvin

1 fed hvidløg

1 laurbærblad

1 kop eddike

1 kop olie

salt og 10 korn peber

UDVIKLING

Krydr agerhønsene og svits dem ved høj varme. Slet og reserver.

Brun gulerødder og løg i den samme olie. Når grøntsagerne er møre tilsættes vin, eddike, peber, salt, hvidløg og laurbærblad. Steg i 10 minutter.

Kom agerhønen tilbage og kog ved svag varme i yderligere 10 minutter.

For at kød eller fisk skal have mere smag i marinaden, er det bedst at lade det stå i mindst 24 timer.

KYLLING MED CACCITOR

INGREDIENSER

INGREDIENSER

1 hakket kylling

50 g champignon i skiver

½ liter hønsebouillon

1 glas hvidvin

4 revne tomater

2 gulerødder

2 fed hvidløg

1 porre

½ løg

1 buket aromatiske urter (timian, rosmarin, laurbærblad osv.)

olivenolie

salt og peber

UDVIKLING

Krydr kyllingen i en meget varm gryde med lidt olie og brun den. Tag ud og reserver.

Brun den hakkede gulerod, hvidløg, porre og løg i samme olie. Tilsæt derefter revet tomat. Steg til tomaten mister sit vand. Kom kyllingen tilbage.

Steg svampene separat og tilsæt dem også til stuvningen. Bad i et glas vin og lad dig slappe af.

Tilsæt bouillon og tilsæt de aromatiske urter. Kog indtil kyllingen er mør. Juster saltet.

TRICK

Denne ret kan også laves med kalkun eller endda kanin.

COCA-COLA STIL KYLLINGEVINGER

1 kg kyllingevinger

½ liter koks

4 spsk brun farin

2 spsk sojasovs

1 flad spiseskefuld oregano

½ citron

salt og peber

UDVIKLING

Kom Coca-Cola, sukker, soja, oregano og saften af en halv citron i en gryde og kog i 2 minutter.

Skær vingerne i halve og krydr med salt. Bages ved 160°C til de er brune. Tilsæt imens halvdelen af saucen og vend vingerne. Vend hvert 20. minut.

Når saucen næsten er reduceret, tilsættes den anden halvdel og koges videre, indtil saucen tykner.

TRICK

Tilsætning af en kvist vanilje, når du laver saucen, forstærker smagen og giver den et særpræg.

HVIDLØGSKYLLING

1 hakket kylling

8 fed hvidløg

1 glas hvidvin

1 spiseskefuld mel

1 cayennepeber

Eddike

olivenolie

salt og peber

UDVIKLING

Krydr kyllingen og svits godt. Stil det til side og vent til olien er afkølet.

Hak hvidløgsfeddene og svits hvidløg og cayennepeber (svits i olie, må ikke brunes) uden at ændre farve.

Bad i vin og lad det simre, indtil det når en vis tæthed, men ikke tørrer ud.

Tilsæt derefter kyllingen og en lille teskefuld mel ovenpå. Rør rundt (tjek om hvidløget klæber til kyllingen; hvis ikke, tilsæt lidt mere mel, indtil det er lidt klistret).

Dæk til og rør af og til. Kog i 20 minutter ved lav varme. Tilsæt til sidst lidt eddike og kog i endnu et minut.

Den stegte kylling er et must. Den skal være meget varm, så den er gylden udenpå og saftig indeni.

KYLLING KYLLING

INGREDIENSER

1 lille kylling, hakket

350 g hakket Serranoskinke

1 dåse 800 g knuste tomater

1 stor rød peberfrugt

1 stor grøn peberfrugt

1 stort løg

2 fed hvidløg

timian

1 glas hvid- eller rødvin

Sukker

olivenolie

salt og peber

UDVIKLING

Krydr kyllingen og steg den ved høj varme. Tag ud og reserver.

Brun peberfrugt, hvidløg og løg skåret i mellemstore stykker i samme olie. Når grøntsagerne er pænt brune tilsættes skinken og koges i yderligere 10 minutter.

Kom kyllingen tilbage og bad den i vinen. Lad stå ved høj varme i 5 minutter og tilsæt tomat og timian. Reducer varmen og kog i yderligere 30 minutter. Juster salt og sukker.

TRICK

Samme opskrift kan også laves med frikadeller. Der er intet tilbage på tallerkenen!

MØD MED VAGTEL OG RØDE FRUGTER

INGREDIENSER

4 vagtler

150 gram røde frugter

1 kop eddike

2 glas hvidvin

1 gulerod

1 porre

1 fed hvidløg

1 laurbærblad

Mel

1 kop olie

salt og peber

UDVIKLING

Mel vagtlerne, krydr dem og brun dem i en gryde. Tag ud og reserver.

Skær gulerødder og porrer i stave og brun det hakkede hvidløg i samme olie. Når grøntsagerne er møre tilsættes olie, eddike og vin.

Tilsæt laurbærblad og peber. Smag til med salt og kog i 10 minutter med de røde frugter.

Tilsæt vagtlen og kog i yderligere 10 minutter, indtil de er møre. Installer væk fra varme.

Denne marinade kombineret med vagtelkød giver en fremragende vinaigrette og fuldender en god hjertesalat.

CITRONKYLLING

1 kylling

30 g sukker

25 g smør

1 liter hønsebouillon

1dl hvidvin

saft af 3 citroner

1 løg

1 porre

olivenolie

salt og peber

UDVIKLING

Hak og krydr kyllingen. Bring tilbage over høj varme og fjern.

Pil løget, rens porren og skær det i julienne strimler. Steg grøntsagerne i den samme olie, som kyllingen blev tilberedt i. Tag et bad med vin og lad det reducere.

Tilsæt citronsaft, sukker og bouillon. Kog i 5 minutter og gem kyllingen. Kog ved svag varme i yderligere 30 minutter. Smag til med salt og peber.

For at gøre saucen mere delikat og uden stykker af grøntsager er det bedre at hakke den.

SAN JACOBO KYLLING MED SERRANO SKINKE, TORTA DE CASAR OG ARUCOLA

8 tynde kyllingefileter

150 g Cæsar kage

100 g rucola

4 skiver Serranoskinke

Mel, æg og korn (til børstning)

olivenolie

salt og peber

UDVIKLING

Krydr kyllingefileterne og top med ost. Læg rucola og serranoskinke i den ene og læg den anden ovenpå for at forsegle. Gør det samme med resten.

Tilsæt mel, sammenpisket æg og knust granola. Steg i rigeligt varm olie i 3 minutter.

TRICK

Den kan drysses med knuste popcorn, kiko og endda insekter. Resultatet er meget sjovt.

OVN KYLLING KARRY

4 kyllingelår (pr. person)

1 liter fløde

1 forårsløg eller løg

2 spsk karry

4 naturlige yoghurter

Salt

UDVIKLING

Skær løget i små stykker og bland i en skål med yoghurt, creme fraiche og karry. salt sæson.

Skær et par stykker kylling og mariner i yoghurtsaucen i 24 timer.

Bag ved 180°C i 90 minutter, fjern kyllingen og server med den piskede sauce.

TRICK

Hvis der er sovs tilbage, kan du bruge den til at lave lækre frikadeller.

KYLLING I RØDVIN

1 hakket kylling

½ liter rødvin

1 kvist rosmarin

1 kvist timian

2 fed hvidløg

2 porrer

1 rød peberfrugt

1 gulerod

1 løg

hønsekødssuppe

Mel

olivenolie

salt og peber

UDVIKLING

Krydr kyllingen og svits den på en meget varm pande. Tag ud og reserver.

Skær grøntsagerne i små stykker og svits dem i den samme olie, som kyllingen blev stegt i.

Bad i vinen, tilsæt de aromatiske urter og kog over høj varme, indtil væsken fordamper, cirka 10 minutter. Kom kyllingen tilbage i blandingen og dæk med bouillon, indtil den lige er dækket. Kog yderligere 20 minutter eller indtil kødet er mørt.

TRICK

Hvis du ønsker en tyndere sauce uden bidder, blandes og hældes saucen i.

OVNSKYLLING MED MØRK ØL

4 kyllingelår

750 ml stærk øl

1 spiseskefuld spidskommen

1 kvist timian

1 kvist rosmarin

2 løg

3 fed hvidløg

1 gulerod

salt og peber

Skær løg, gulerod og hvidløg i julienne strimler. Læg timian og rosmarin i bunden af bagepladen og læg løg, gulerødder og hvidløg ovenpå. Derefter kyllingelårene, med skindsiden nedad, krydret med en knivspids spidskommen. Bages ved 175°C i cirka 45 minutter.

Efter 30 minutter tilsættes øl, vend bunden og kog i yderligere 45 minutter. Når kyllingen er kogt, tages den ud af gryden og den blandes med saucen.

Lægger du to æbler i skiver i midten af stegen og blander dem med resten af saucen, bliver smagen endnu bedre.

CHOKOLADE MOR

4 agerhøns

½ liter hønsebouillon

½ kop rødvin

1 kvist rosmarin

1 kvist timian

1 fjer

1 gulerod

1 fed hvidløg

1 revet tomat

Chokolade

olivenolie

salt og peber

UDVIKLING

Krydr og svits agerhønsene. Forbehold.

Svits finthakkede gulerødder, hvidløg og grønne løg i samme olie ved middel varme. Øg varmen og tilsæt tomaten. Kog indtil vandet er tabt. Tag et bad med vinen og lad den reducere næsten helt.

Tilsæt bouillon og tilsæt krydderurterne. Kog ved svag varme til agerhønsene er møre. Juster saltet. Fjern fra varmen og tilsæt chokolade efter smag. Sluk.

TRICK

For at give et krydret præg på retten kan du tilføje cayennepeber, og hvis du vil have den sprød, tilsæt hasselnødder eller ristede mandler.

Bagt kalkunøvelse med rød frugtsauce

INGREDIENSER

4 kalkunfileter

250 gram røde frugter

½ liter mousserende vin

1 kvist timian

1 kvist rosmarin

3 fed hvidløg

2 porrer

1 gulerod

olivenolie

salt og peber

UDVIKLING

Rens porrer, gulerødder og hvidløg og skær dem i julienne strimler. Arranger disse grøntsager på en bageplade med timian, rosmarin og røde frugter.

Læg kalkunfjerdingerne ovenpå med skindsiden nedad, dryp med olivenolie. Kog ved 175°C i 1 time.

Bad med cava efter 30 minutter. Vend kødet og steg i yderligere 45 minutter. Efter denne tid fjernes den fra skålen. Bland saucen, filtrer og smag til med salt.

Kalkunen er færdig, når benene og underlårene let skilles ad.

61

OVNSKYLLING MED FERSKENSAUCE

4 kyllingelår

½ liter hvidvin

1 kvist timian

1 kvist rosmarin

3 fed hvidløg

2 ferskner

2 løg

1 gulerod

olivenolie

salt og peber

Skær løg, gulerod og hvidløg i julienne strimler. Skræl fersknerne, skær dem i halve og fjern kernen.

Læg timian og rosmarin i bunden af bagepladen med gulerødder, løg og hvidløg. Læg skallen ovenpå, krydr med olivenolie med skindsiden nedad og bag ved 175°C i ca. 45 minutter.

Efter 30 minutter dyppes i hvidvin, vendes og koges i yderligere 45 minutter. Når kyllingen er kogt, tages den ud af gryden og den blandes med saucen.

Du kan tilføje æbler eller pærer til stegen. Saucen bliver meget god.

KYLLINGFILET FYLDT MED SPINAT OG MOZZARELLA

8 tynde kyllingefileter

200 g frisk spinat

150 g mozzarella

8 basilikumblade

1 tsk stødt spidskommen

mel, æg og rasp (til pensling)

olivenolie

salt og peber

UDVIKLING

Krydr brysterne på begge sider. Drys med spinat, revet ost og hakket basilikum og dæk med endnu en filet. Bland mel, sammenpisket æg og en blanding af rasp og spidskommen.

Brun i et par minutter på hver side, og fjern overskydende olie på sugende papir.

TRICK

Det perfekte tilbehør er en god tomatsauce. Denne ret kan laves med kalkun eller endda en frisk stribe filet.

OVN CAVA KYLLING

4 kyllingelår

1 flaske mousserende vin

1 kvist timian

1 kvist rosmarin

3 fed hvidløg

2 løg

olivenolie

salt og peber

UDVIKLING

Skær løg og hvidløg i julienne strimler. Læg timian og rosmarin i bunden af bagepladen, læg løg, hvidløg og krydrede bagben med skindsiden nedad. Bages ved 175°C i cirka 45 minutter.

Efter 30 minutter, tag et bad med cava, vend ryggen og kog i yderligere 45 minutter. Når kyllingen er kogt, tages den ud af gryden og den blandes med saucen.

TRICK

En anden variant af den samme opskrift er at tilberede den med lambrusco eller sød vin.

Kyllingespyd med jordnøddesauce

600 g kyllingebryst

150 g jordnødder

500 ml hønsebouillon

200 ml fløde

3 spsk sojasovs

3 spiseskefulde honning

1 spsk karrypulver

1 finthakket cayennepeber

1 spiseskefuld citronsaft

olivenolie

salt og peber

UDVIKLING

Kværn peanuts meget godt, indtil der dannes en pasta. I en skål kombineres limesaft, bouillon, sojabønner, honning, karrypulver, salt og peber. Skær andebrystene i stykker og lad dem marinere i denne blanding natten over.

Fjern kyllingen og sæt den på spyddene. Kog den forrige blanding med fløden ved svag varme i 10 minutter.

Brun spyddene på en pande ved middel varme og server med saucen
på toppen.

67

TRICK

De kan tilberedes med kyllingestykker. Men i stedet for at brune dem
i en gryde, så bag dem i ovnen med saucen ovenpå.

KYLLING MED PEPITORIA

1½ kg kylling

250 g løg

50 g ristede mandler

25 g stegt brød

½ liter hønsebouillon

¼ liter god vin

2 fed hvidløg

2 laurbærblade

2 hårdkogte æg

1 spiseskefuld mel

14 tråde safran

150 g olivenolie

salt og peber

Skær kyllingen i skiver og krydr den. guld og reserve.

Skær løg og hvidløg i små stykker og steg dem i samme olie, som kyllingen blev stegt i. Tilsæt mel og brun ved svag varme i 5 minutter. Tag et bad med vin og lad det reducere.

Tilsæt den saltede bouillon og kog i yderligere 15 minutter. Tilsæt derefter den reserverede kylling med laurbærblade og kog indtil kyllingen er mør.

Rist safranen separat og læg den i morteren med det stegte brød, mandler og æggeblomme. Mos til en pasta og tilsæt kyllingegryden. Kog i yderligere 5 minutter.

TRICK

Der er ikke noget bedre tilbehør til denne opskrift end en god rispilaf. Den kan serveres med hakket æggehvide og hakket persille.

ORANGE KYLLING

1 kylling

25 g smør

1 liter hønsebouillon

1 dl rosévin

2 spiseskefulde honning

1 kvist timian

2 gulerødder

2 appelsiner

2 porrer

olivenolie

salt og peber

Krydr den malede kylling i olivenolie ved høj varme og sauter. Slet og reserver.

Skræl og skræl gulerødder og porrer og skær dem i julienne-strimler. Steg i samme olie, som kyllingen blev brunet i. Hæld vinen i og kog over høj varme, indtil væsken er fordampet.

Tilsæt appelsinjuice, honning og bouillon. Kog i 5 minutter og tilsæt kyllingestykkerne. Kog ved lav varme i 30 minutter. Tilsæt det kolde smør og smag til med salt og peber.

TRICK

Du kan undlade en god håndfuld nødder og tilføje dem til gryderet efter endt tilberedning.

Braiseret kylling med begrous

1 kylling

200 g Serranoskinke

200 g porcini svampe

50 g smør

600 ml hønsebouillon

1 glas hvidvin

1 kvist timian

1 fed hvidløg

1 gulerod

1 løg

1 tomat

olivenolie

salt og peber

UDVIKLING

Hak kyllingen, krydr og brun i smør og lidt olie. Slet og reserver.

I samme fedtstof brunes løg, gulerødder og hvidløg skåret i små stykker, samt hakket skinke. Øg varmen og tilsæt de hakkede porcini-svampe. Kog i 2 minutter, tilsæt revet tomat og kog indtil alt vandet er tabt.

Kom kyllingestykkerne tilbage og bad i vinen. Reducer indtil saucen er næsten tør. Tilsæt bouillon og tilsæt timian. Kog i 25 minutter eller indtil kyllingen er mør. Juster saltet.

TRICK

Brug sæsonbestemte eller tørrede svampe.

KYLLINGEBØD MED VALNØDDER OG SOJA

INGREDIENSER

3 kyllingebryst

70 g rosiner

30 g mandler

30 g cashewnødder

30 g valnødder

30 g hasselnødder

1 kop hønsebouillon

3 spsk sojasovs

2 fed hvidløg

1 cayennepeber

1 citron

Ingefær

olivenolie

salt og peber

UDVIKLING

Skær brysterne i skiver, tilsæt salt og peber og svits på en pande ved høj varme. Slet og reserver.

Brun nødderne i denne olie med revet hvidløg, et stykke revet ingefær, cayennepeber og citronskal.

Tilsæt rosiner, reserverede kyllingebryst og soja. Kog i 1 minut og bad i bouillon. Kog i yderligere 6 minutter over medium-høj varme, tilsæt salt om nødvendigt.

TRICK

Brugen af salt er stort set unødvendig, da soja giver næsten alt saltindholdet.

CHOKOLADEKYLLING MED ristede MANDLER

1 kylling

60 g revet mørk chokolade

1 glas rødvin

1 kvist timian

1 kvist rosmarin

1 laurbærblad

2 gulerødder

2 fed hvidløg

1 løg

bouillon (eller vand)

ristede mandler

ekstra jomfru oliven olie

salt og peber

UDVIKLING

Skær kyllingen i skiver, krydr og svits i en meget varm gryde. Slet og reserver.

I samme olie brunes løg, gulerødder og hvidløgsfed skåret i små stykker ved svag varme.

Tilsæt laurbærblad, timian og rosmarinkviste. Tilsæt vin og bouillon og lad det simre i 40 minutter. Tilsæt salt og fjern kyllingen.

Purér saucen i en blender og hæld den i gryden. Tilsæt kylling og chokolade og rør til chokoladen er smeltet. Kog i yderligere 5 minutter for at kombinere smagene.

TRICK

Pynt med ristede mandler. Tilsætning af cayennepeber eller chilipeber giver det et krydret præg.

LAMMESPYD MED PAPRIKA OG SENNEPSVINAIGRETE

350 g lam

2 spiseskefulde eddike

1 flad ske paprika

1 flad spiseskefuld sennep

1 flad spiseskefuld sukker

1 punnet cherrytomater

1 grøn peber

1 rød peberfrugt

1 lille nyt løg

1 løg

5 spiseskefulde olivenolie

salt og peber

UDVIKLING

Rens grøntsagerne og skær dem i mellemstore firkanter, undtagen forårsløgene. Skær lammet i lige store tern. Fold spyddene, skiftevis et stykke kød og et stykke grøntsag. Sæson. Brun dem i en meget varm pande med lidt olie på hver side i 1 til 2 minutter.

Bland sennep, paprika, sukker, olie, eddike og hakket løg hver for sig i en skål. Smag til med salt og emulger.

Server de frisklavede spyd med lidt paprikasauce.

TRICK

Du kan også tilsætte 1 spsk karry og lidt citronskal til dressingen.

Oksefingre fyldt med portvin

1 kg kalvefinne (åbnet i en bog for at fylde)

350 g hakket svinekød

1 kg gulerødder

1 kg løg

100 g pinjekerner

1 lille dåse piquillo peberfrugt

1 dåse sorte oliven

1 pakke bacon

1 fed hvidløg

2 laurbærblade

Havn

Kødsuppe

olivenolie

salt og peber

UDVIKLING

Krydr vingen på begge sider. Pynt med svinekød, pinjekerner, hakket peberfrugt, kvarte oliven og bacon skåret i strimler. Rul den sammen og læg et net eller en snor med tråd inde i tøjlen. Brun ved meget høj varme, fjern og opbevar.

Skær gulerødder, løg og hvidløg i brunoise og brun i samme olie, som kalvekødet blev stegt i. Udskift lukkeren. Hæld portvin og oksefond i, til det hele er dækket. Tilsæt 8 peberkorn og laurbærblade. Dæk til og kog ved svag varme i 40 minutter. Vend hvert 10. minut. Når kødet er mørt, fjernes det og pureres.

Portvin kan erstattes med enhver anden vin eller champagne.

Madrid frikadeller

1 kg hakket kød

500 g hakket svinekød

500 gram modne tomater

150 g løg

100 g svampe

1 liter oksebouillon (eller vand)

2dl hvidvin

2 spsk frisk persille

2 spsk brødkrummer

1 spiseskefuld mel

3 fed hvidløg

2 gulerødder

1 laurbærblad

1 æg

Sukker

olivenolie

salt og peber

Bland de to kød med hakket persille, 2 hakkede fed hvidløg, rasp, et æg, salt og peber. Form kugler og brun dem i en gryde. Tag ud og reserver.

Brun løget med det andet hvidløg i samme olie, tilsæt melet og brun det. Tilsæt tomaterne og kog i yderligere 5 minutter. Bad i vin og kog i yderligere 10 minutter. Tilsæt bouillon og kog i yderligere 5 minutter. Mal og korriger salt og sukker. Kog frikadellerne i saucen med laurbærbladet i 10 minutter.

Vask, skræl og hak gulerødder og champignon hver for sig. Steg i lidt olie i 2 minutter og tilsæt frikadellerne i stuvningen.

TRICK

For at gøre frikadelleblandingen mere smagfuld tilsættes 150 g hakket frisk iberisk bacon. Det er bedre ikke at trykke for hårdt, når du laver kuglerne, så bliver de saftigere.

CHOKOLADE KALV POLLOS

8 oksekind

½ liter rødvin

6 ounces chokolade

2 fed hvidløg

2 tomater

2 porrer

1 stilk selleri

1 gulerod

1 løg

1 kvist rosmarin

1 kvist timian

Mel

oksebouillon (eller vand)

olivenolie

salt og peber

Krydr kinderne og svits dem i en meget varm gryde. Tag ud og reserver.

Skær grøntsagerne i brunoise og steg dem i samme pande, som kinderne blev stegt i.

Når grøntsagerne er bløde tilsættes de revne tomater og koges til der ikke er mere vand. Tilsæt vin og aromatiske urter og lad det trække i 5 minutter. Tilsæt kinder og oksefond, indtil det er dækket.

Kog til kinderne er meget møre, tilsæt chokolade efter smag, bland og smag til med salt og peber.

TRICK

Saucen kan pureres eller efterlades med hele stykker grøntsager.

PILLET CONFITTÆRTE MED SØD VINSAUCE

INGREDIENSER

½ hakket pattegris

1 glas sød vin

2 kviste rosmarin

2 kviste timian

4 fed hvidløg

1 lille gulerod

1 lille løg

1 tomat

sød olivenolie

Groft salt

UDVIKLING

Læg pattegrisen på en bakke og salt på begge sider. Tilsæt presset hvidløg og krydderier. Pensl med olie og bag ved 100°C i 5 timer. Lad derefter afkøle og udben, fjern kød og skind.

Læg pergamentet på bagepladen. Del pattegrisekødet og læg pattegriseskindet ovenpå (mindst 2 fingre højt). Indsæt endnu en rulle og stil den i køleskabet med en vægt på.

Tilbered i mellemtiden en mørk bouillon. Skær knoglerne og grøntsagerne i mellemstore stykker. Kog knoglerne i 35 minutter ved

185°C, læg grøntsagerne på siderne og kog i yderligere 25 minutter.
Tag ud af ovnen og bad i vinen. Kom det hele i en gryde og fyld med
koldt vand. Kog i 2 timer ved meget lav varme. Dræn og sæt tilbage
på komfuret, indtil blandingen er tyknet lidt. affedtning.

Skær dejen i portioner og steg skindsiden på en varm pande til den er
sprød. Kog ved 180°C i 3 minutter.

TRICK

Denne ret er mere udførlig end svær, men effekten er spektakulær.
Det eneste trick for at forhindre det i at fordærve til sidst er at servere
saucen på siden af kødet, ikke på toppen.

MARC LAPIN

1 hakket kanin

80 g mandler

1 liter hønsebouillon

400 ml grums

200 ml fløde

1 kvist rosmarin

1 kvist timian

2 løg

2 fed hvidløg

1 gulerod

10 tråde safran

salt og peber

Hak, krydr og brun kaninen. Slet og reserver.

I samme olie brunes gulerødder, løg og hvidløg skåret i små stykker. Tilsæt safran og mandler og kog i 1 minut.

Tænd bålet og bad grunden. flamberet Tilsæt kaninen igen og tilsæt bouillon. Tilsæt kviste timian og rosmarin.

Kog til kaninen er mør, cirka 30 minutter, og tilsæt fløden. Kog i yderligere 5 minutter og juster saltet.

TRICK

Den flammende spirituelle alkohol brændes. Sørg for at slukke for emhætten.

Frikadeller med hasselnøddesauce PEPITORIA

750 g hakket kød

750 g hakket svinekød

250 g løg

60 g hasselnødder

25 g stegt brød

½ liter hønsebouillon

¼ liter hvidvin

10 tråde safran

2 spsk frisk persille

2 spsk brødkrummer

4 fed hvidløg

2 hårdkogte æg

1 frisk æg

2 laurbærblade

150 g olivenolie

salt og peber

I en skål kombineres kødet, hakket persille, hakket hvidløg, rasp, æg, salt og peber. Mel og brun i en gryde ved middel varme. Slet og reserver.

I samme olie brunes løget let og de resterende 2 fed hvidløg hakkes fint. Tag et bad med vin og lad det reducere. Tilsæt bouillon og kog i 15 minutter. Tilsæt frikadellerne til saucen med laurbærblade og kog i yderligere 15 minutter.

Rist safran separat og kværn den i en morter med det stegte brød, hasselnødder og æggeblomme til det er glat. Tilføj til gryderet og kog i yderligere 5 minutter.

Server med hakket æggehvide og lidt persille.

Kalve-escalope med mørk øl

INGREDIENSER

4 oksebøffer

125 g shiitakesvampe

1/3 liter mørk øl

1 dl kødbouillon

1dl fløde

1 gulerod

1 fjer

1 tomat

1 kvist timian

1 kvist rosmarin

Mel

olivenolie

salt og peber

UDVIKLING

Krydr fileterne med mel. Brun let i en gryde med lidt olie. Tag ud og reserver.

I samme olie brunes det hakkede løg og gulerod. Når den er kogt tilsættes den revne tomat og koges indtil saucen er næsten tør.

Bad med øl, lad alkoholen dampe af i 5 minutter ved middel varme og tilsæt bouillon, krydderurter og fileter. Kog i 15 minutter eller indtil de er møre.

Steg de fileterede svampe separat ved høj varme og tilsæt til stuvningen. Juster saltet.

TRICK

Fileterne skal ikke koge for længe, ellers bliver de meget seje.

MADRILLE UDFLYGTER

1 kg ren indmad

2 svineben

25 g mel

1dl eddike

2 spsk chilipeber

2 laurbærblade

2 løg (inklusive 1 krydret)

1 fed hvidløg

1 chilipeber

2dl olivenolie

20 g salt

Blancher svinekamlingen og -benene i en gryde med koldt vand. Kog i 5 minutter, når det begynder at koge.

Dræn og fyld med rent vand. Tilsæt løg, chilipeber, hvidløgsløg og laurbærblade. Tilføj mere vand, hvis det er nødvendigt, for at dække godt og kog, tildækket, ved svag varme i 4 timer, eller indtil underlår og indmad er møre.

Når indmaden er kogt, fjernes løg, laurbærblad og peber. Fjern også fødderne, udben dem og skær dem i tripe-store stykker. Vend tilbage til gryden.

Brun derefter det andet hakkede løg, tilsæt paprika og 1 spsk mel. Tilføj til gryderet efter tilberedning. Kog i 5 minutter, tilsæt salt og lidt tæthed evt.

TRICK

Denne opskrift får mere smag, hvis den tilberedes en dag eller to i forvejen. Du kan også tilføje kogte kikærter, og du har en premium grøntsagsret.

OVNLOM MED ÆBLE OG MYNTE

800 g frisk svinekam

500 g æbler

60 g sukker

1 glas hvidvin

1 kop brandy

10 mynteblade

1 laurbærblad

1 stort løg

1 gulerod

olivenolie

salt og peber

Krydr lænden og svits den ved høj varme. Slet og reserver.

I denne olie brunes det rensede og finthakkede løg og gulerod. Skræl og udkern æblerne.

Læg alt på en bageplade, vask med alkohol og tilsæt et laurbærblad. Bages ved 185°C i 90 minutter.

Tag æbler og grøntsager ud og mos dem med sukker og mynte. Skær fileten og saucen i kogesaften og tilsæt æblemosen.

Kom lidt vand på pladen under tilberedningen for at undgå, at svinekammen tørrer ud.

KYLLINGERETTER MED HINDBÆRSAUCE

til dumplings

1 kg hakket kyllingekød

1dl mælk

2 spsk brødkrummer

2 æg

1 fed hvidløg

sherryvin

Mel

Hakket persille

olivenolie

salt og peber

Til hindbærsaucen

200 g hindbærsyltetøj

½ liter hønsebouillon

1½ dl hvidvin

½ dl sojasovs

1 tomat

2 gulerødder

1 fed hvidløg

1 løg

Salt

til dumplings

Bland kødet med rasp, mælk, æg, meget finthakket hvidløgsfed, persille og lidt vin. Smag til med salt og peber og lad stå i 15 minutter.

Form små kugler med dejen og gnid dem i melet. Steg i olie, og sørg for at de er lidt rå i midten. opbevare olie.

Til den søde og sure hindbærsauce

Pil løg, hvidløg og gulerod og skær dem i små tern. Steg i den samme olie, som brunede frikadellerne. Smag til med en knivspids salt. Tilsæt den hakkede, flåede og kernefri tomat og kog indtil vandet er fordampet.

Bad i vin og kog indtil reduceret til det halve. Tilsæt sojasauce og bouillon og kog i yderligere 20 minutter, indtil saucen tykner. Tilsæt marmelade og frikadeller og kog i yderligere 10 minutter.

Hindbærsyltetøjet kan erstattes med enhver anden rød frugt eller med marmelade.

Lammegryderet

INGREDIENSER

1 lammelår

1 stort glas rødvin

½ kop tomatpuré (eller 2 revet tomater)

1 spsk sød paprika

2 store kartofler

1 grøn peber

1 rød peberfrugt

1 løg

oksebouillon (eller vand)

olivenolie

salt og peber

UDVIKLING

Hak låret, krydr og svits i en meget varm gryde. Tag ud og reserver.

Brun de hakkede peberfrugter og løg i samme olie. Når grøntsagerne er gennemstegte tilsættes en spiseskefuld paprika og tomat. Fortsæt med at koge ved høj varme, indtil tomaten mister sit vand. Læg derefter lammet tilbage.

Tag et bad med vin og lad det reducere. Dæk med oksebouillon.

Tilsæt cacheladekartoflerne (ikke hakkede), når lammet er mørt og kog til kartoflerne er møre. Smag til med salt og peber.

101

TRICK

For en endnu mere smagfuld sauce, steg de 4 piquillo peberfrugter og 1 fed hvidløg hver for sig. Bland med lidt gullasch bouillon og tilsæt til stuvningen.

Kanin Civet Kat

1 kanin

250 g svampe

250 g gulerødder

250 g løg

100 g bacon

¼ liter rødvin

3 spiseskefulde tomatsauce

2 fed hvidløg

2 kviste timian

2 laurbærblade

oksebouillon (eller vand)

olivenolie

salt og peber

UDVIKLING

Hak kaninen og mariner den i 24 timer i gulerødder, hvidløg og løg skåret i små stykker, vinen, 1 kvist timian og 1 laurbærblad. I slutningen af denne tid skal du filtrere, mens vinen reserveres på den ene side og grøntsagerne på den anden.

Krydr kaninerne, brun dem ved høj varme og fjern dem. Brun grøntsagerne i samme olie ved middel varme. Tilsæt tomatsaucen og svits i 3 minutter. Fjern kaninen. Bad i vin og bouillon for at dække kødet. Tilsæt den anden kvist timian og det andet laurbærblad. Kog til kaninen er mør.

Brun imens bacon skåret i strimler og champignonerne i kvarte og kom dem i stuvningen. Separat stød kaninleveren i en morter og tilsæt den også. Kog i yderligere 10 minutter og juster salt og peber.

TRICK

Denne ret kan laves med ethvert vildt dyr og er endnu bedre, hvis den laves dagen før.

KANIN MED PIPERRADA

1 kanin

2 store tomater

2 løg

1 grøn peber

1 fed hvidløg

Sukker

olivenolie

salt og peber

Skær kaninen i skiver, krydr og svits i en gryde. Slet og reserver.

Skær løg, peber og hvidløg i små stykker og steg ved svag varme i 15 minutter i samme olie, som kaninen blev stegt i.

Tilsæt de hakkede tomater og kog over middel varme, indtil alt vandet er tabt. Juster salt og sukker efter behov.

Tilsæt kaninen, reducer varmen og kog under låg i 15-20 minutter under omrøring af og til.

TRICK

Du kan tilføje zucchini eller aubergine til piperaden.

KYLLINGKUGGEL FYLDT MED OST OG KARRYSAUS

500 g hakket kylling

150 g ost i tern

100 g rasp

200 ml fløde

1 kop hønsebouillon

2 spsk karry

½ spiseskefuld brødkrummer

30 rosiner

1 grøn peber

1 gulerod

1 løg

1 æg

1 citron

mælk

Mel

olivenolie

Salt

Krydr kyllingen og bland med rasp, æg, 1 spsk karry og de mælkeudblødte rasp. Form kugler, fyld med en terning ost og pensl med mel. Steg og gem.

I samme olie brunes løg, peberfrugt og gulerødder skåret i små stykker. Tilsæt citronskal og kog i et par minutter. Tilsæt den anden spiseske karry, rosinerne og hønsebouillonen. Så snart fløden begynder at koge, tilsæt fløden og kog i 20 minutter. Juster saltet.

TRICK

Det perfekte tilbehør til disse frikadeller er champignon i kvarte, sauteret med et par fed hvidløg skåret i små stykker og skyllet ned med en god portvin eller Pedro Ximénez.

Flæskekind i rødvin

12 svinekind

½ liter rødvin

2 fed hvidløg

2 porrer

1 rød peberfrugt

1 gulerod

1 løg

Mel

oksebouillon (eller vand)

olivenolie

salt og peber

UDVIKLING

Krydr kinderne og svits dem i en meget varm gryde. Tag ud og reserver.

Skær grøntsagerne i bronoise-stykker og sauter i samme olie, som blev brugt til at stege flæsket. Når det er gennemstegt, tilsæt vinen og vent 5 minutter. Tilsæt kinder og oksefond, indtil det er dækket.

Kog til kinderne er meget møre, purér saucen, hvis du ikke vil have klumper af grøntsager tilbage.

Svinekød kinder tager meget kortere tid at tilberede end oksekød kinder. For ekstra smag, tilsæt en ounce chokolade til saucen til sidst.

NAVARRE PIG

INGREDIENSER

2 hakkede lammeskank

50 gram spæk

1 tsk paprika

1 spiseskefuld eddike

2 fed hvidløg

1 løg

olivenolie

salt og peber

UDVIKLING

Skær lammeskankene i stykker. Krydr og brun i en gryde ved høj varme. Tag ud og reserver.

Brun det finthakkede løg og hvidløg i samme olie ved svag varme i 8 minutter. Tilsæt peberfrugt og sauter i yderligere 5 sekunder. Tilsæt lammet og hæld vandet i.

Kog indtil saucen er reduceret og kødet er mørt. Tilsæt eddike og bring det i kog.

Forbruning er vigtig, fordi det forhindrer saucen i at dryppe.
Derudover tilføjer det knas og forstærker smagen.

OKSESTEV MED VALNØDESAUCE

750 g svineskank

250 g jordnødder

2 liter kødbouillon

1 kop fløde

½ kop brandy

2 spsk tomatsauce

1 kvist timian

1 kvist rosmarin

4 kartofler

2 gulerødder

1 løg

1 fed hvidløg

olivenolie

salt og peber

UDVIKLING

Hak låret, krydr og sauter ved høj varme. Tag ud og reserver.

Brun løg, hvidløg og finthakket gulerod i samme olie ved svag varme. Øg varmen og tilsæt tomatsaucen. Lad det krympe, indtil det mister alt sit vand. Drys cognacen ovenpå og vent til alkoholen er fordampet. Tilsæt kødet igen.

Knus jordnødderne godt sammen med bouillonen og kom på panden med de aromatiske krydderurter. Kog ved svag varme til kødet er næsten mørt.

Tilsæt derefter de skrællede og skåret kartofler og cremefraiche. Kog i 10 minutter og juster salt og peber. Lad stå 15 minutter før servering.

TRICK

Denne kødret kan serveres med rispilaf (se afsnittet Ris og pasta).

OVN FLÆSK

INGREDIENSER

1 pattegris

2 spiseskefulde spæk

Salt

UDVIKLING

For ører og hale med folie, så de ikke brænder på.

Læg to træskeer på en bageplade og læg pattegrisen med forsiden opad, så den ikke rører bunden af beholderen. Tilsæt 2 spsk vand og kog ved 180°C i 2 timer.

Opløs saltet i 4 dl vand og mal indersiden af sutten hvert 10. minut. Vend det imens og fortsæt med at male med vand og salt, indtil tiden er gået.

Smelt smørret og pensl skindet med det. Hæv ovnen til 200°C og bag i yderligere 30 minutter eller indtil bunden er gylden og sprød.

TRICK

Hæld ikke saften på huden; dette ville få den til at miste sin grund til at være til. Server saucen i bunden af skålen.

Svineskank med kål

4 terninger

½ kål

3 fed hvidløg

olivenolie

salt og peber

UDVIKLING

Dæk underlårene med kogende vand og kog i 2 timer eller indtil de er helt møre.

Tag op af vandet og kog i lidt olie ved 220°C til de er gyldenbrune. Sæson.

Skær kålen i tynde strimler. Kog i rigeligt kogende vand i 15 minutter. Afslut.

Brun imens det hakkede hvidløg i lidt olie, tilsæt kålen og brun. Smag til med salt og peber og server med de ristede svineskank.

TRICK

Svineskank kan også tilberedes i en meget varm pande. Steg godt på alle sider.

KANINKACCIATORER

INGREDIENSER

1 kanin

300 g svampe

2 kopper hønsebouillon

1 glas hvidvin

1 kvist frisk timian

1 laurbærblad

2 fed hvidløg

1 løg

1 tomat

olivenolie

salt og peber

UDVIKLING

Hak kaninen, krydr og svits ved høj varme. Tag ud og reserver.

Brun løg skåret i små stykker og hvidløg ved svag varme i samme olie i 5 minutter. Øg varmen og tilsæt revet tomat. Kog indtil vandet løber ud.

Returner kaninen og bad i vinen. Lad det reducere og saucen bliver næsten tør. Tilsæt bouillon og kog med de aromatiske urter i 25 minutter, indtil kødet er mørt.

Svits imens de rensede og skivede svampe på en varm pande i 2 minutter. Smag til med salt og tilsæt til stuvningen. Kog i yderligere 2 minutter, juster eventuelt saltet.

TRICK

Du kan også lave samme opskrift med kylling eller kalkun.

MADRID OKSEHOVEDSKIER

INGREDIENSER

4 oksebøffer

1 spsk frisk persille

2 fed hvidløg

mel, æg og rasp (til pensling)

olivenolie

salt og peber

UDVIKLING

Hak persille og hvidløg fint. Bland dem i en skål og tilsæt rasp. Sluk.

Krydr fileterne og overtræk dem med mel, sammenpisket æg og blandingen af rasp, hvidløg og persille.

Tryk med hænderne, så paneringen hæfter godt og steg i rigeligt meget varm olie i 15 sekunder.

TRICK

Slå fileterne med en hammer for at bryde fibrene og mørne kødet.

KANINER MED SVAMPE

1 kanin

250 g årstidens svampe

50 gram spæk

200 g bacon

45 g mandler

600 ml hønsebouillon

1 kop sherry

1 gulerod

1 tomat

1 løg

1 fed hvidløg

1 kvist timian

salt og peber

Skær og krydr kaninen. Brun i smør med bacon skåret i strimler ved høj varme. Tag ud og reserver.

I samme fedtstof brunes løg, gulerødder og hvidløg skåret i små stykker. Tilsæt de hakkede svampe og kog i 2 minutter. Tilsæt revet tomat og kog til det taber vand.

Tilsæt kanin og bacon og bad i vinen. Lad det reducere og saucen bliver næsten tør. Tilsæt bouillon og tilsæt timian. Lad det simre i 25 minutter eller indtil kaninen er mør. Drys med mandler og smag til med salt.

TRICK

Du kan bruge tørrede shiitakesvampe. De tilføjer masser af smag og aroma.

IBERISK RIBBEN MED HVIDVIN OG HONNING

INGREDIENSER

1 iberisk svinekotelet

1 glas hvidvin

2 spiseskefulde honning

1 spsk sød paprika

1 spsk hakket rosmarin

1 spsk hakket timian

1 fed hvidløg

olivenolie

salt og peber

UDVIKLING

Kom krydderierne, revet hvidløg, honning og salt i en skål. Tilsæt ½ lille kop olie og bland. Spred ribbenene med denne blanding.

Bages ved 200°C i 30 minutter med kødsiden nedad. Vend, dyp i vin og kog i yderligere 30 minutter, indtil ribbenene er brune og møre.

TRICK

For bedre at få smagen af ribbenene frem, er det bedst at marinere kødet dagen før.

POTE GALLEGO

250 gram hvide bønner

500 g rene roetoppe

500 g andiron

100 gram skinke

100 g olie

1 tilbage

3 kartofler

1 pølse

1 budding

Salt

Læg bønnerne i blød i koldt vand i 12 timer i forvejen.

Kom alle ingredienser undtagen kartofler og rødbeder i en gryde og kog i 2 liter koldt usaltet vand ved svag varme.

I en anden gryde koges rødbederne i kogende saltet vand i 15 minutter.

Når bønnerne er næsten kogte tilsættes cachelada kartoflerne og smages til med salt. Smid roetoppene i, lad dem stå på varmen i et par sekunder og kom på bordet med portioner kød.

Når du laver mad, skal du stoppe med at lave mad 3 gange med koldt vand eller is, så bønnerne bliver bløde og ikke mister deres skind.

LYON LINSE

500 g linser

700 g løg

200 g smør

1 kvist persille

1 kvist timian

1 laurbærblad

1 lille løg

1 gulerod

6 søm

Salt

UDVIKLING

Brun det julienerede løg i smørret ved svag varme. Dæk til og kog indtil let brunet.

Tilsæt linser, knuste nelliker til et lille helt løg, hakket gulerod og krydderurter. Fyld med koldt vand.

Afdryp og kog ved svag varme, indtil poden er mør. Juster saltet.

Det er vigtigt at starte med at lave mad ved høj varme og derefter øge til medium varme for at undgå at klæbe.

ÆBLE LINSEKARRY

INGREDIENSER

300 g linser

8 spiseskefulde creme fraiche

1 spsk karrypulver

1 gyldent æble

1 kvist timian

1 kvist persille

1 laurbærblad

2 løg

1 fed hvidløg

3 søm

4 spiseskefulde olie

salt og peber

UDVIKLING

Kog linserne i koldt vand i 1 time med 1 løg, hvidløg, laurbærblad, timian, persille, nelliker, salt og peber.

Brun separat det andet løg med æblet i olien. Tilsæt karry og bland.

Kom linserne i æblegryden og kog i yderligere 5 minutter. Tilsæt creme fraiche og bland godt.

Hvis der er linser tilbage, kan du bruge dem til at lave en creme og tilføje nogle stegte rejer.

GÅ TIL NAVARA

400 g bønner

1 spsk chilipeber

5 fed hvidløg

1 italiensk grøn peber

1 rød peberfrugt

1 ren porre

1 gulerod

1 løg

1 stor tomat

olivenolie

Salt

UDVIKLING

Rens bønnerne godt. Hæld dem i en gryde med vand med peberfrugt, løg, porrer, tomater og gulerødder. Lad koge i cirka 35 minutter.

Fjern og hak grøntsagerne. Tilsæt derefter tilbage til gryderet.

Hak hvidløget fint og brun det i lidt olie. Fjern fra varmen og tilsæt peberfrugt. Rehome 5 er inkorporeret i hvide bønner. Juster saltet.

Da det er friske bælgfrugter, er tilberedningstiden meget kortere.

LINSER

500 g linser

1 spsk chilipeber

1 stor gulerod

1 mellemstor løg

1 stor chilipeber

2 fed hvidløg

1 stor kartoffel

1 tip skinke

1 pølse

1 budding

bacon

1 laurbærblad

Salt

Steg finthakkede grøntsager, til de er lidt bløde. Tilsæt paprika og tilsæt 1,5 liter vand (du kan erstatte det med grøntsags- eller endda kødbouillon). Tilsæt linser, kød, skinkespids og laurbærblad.

Fjern chorizo og sort budding og hold dem bløde, så de ikke går i stykker. Fortsæt med at koge linserne, indtil de er kogte.

Tilsæt kartoflerne i tern og kog i yderligere 5 minutter. Drys med en knivspids salt.

For et særligt præg kan du tilføje 1 kanelstang til linserne under tilberedningen.

MUSAKA BØNNER MED SVAMPE

INGREDIENSER

250 g kogte røde bønner

500 g hjemmelavet tomatsauce

200 g svampe

100 g revet ost

½ kop rødvin

2 auberginer

2 fed hvidløg

1 stort løg

½ grøn peber

½ gul peber

¼ rød peber

1 laurbærblad

mælk

Oregano

olivenolie

salt og peber

Skær auberginerne i skiver og kom dem i den saltede mælk, så de mister deres bitterhed.

Hak løg, hvidløg og paprika hver for sig og steg på en pande. Tilsæt svampene og fortsæt tilberedningen. Tilsæt vinen og lad det simre ved høj varme. Tilsæt tomatsauce, oregano og laurbærblad. Lad koge i 15 minutter. Fjern fra varmen og tilsæt bønnerne. Sæson.

Dræn imens aubergineskiverne godt, tør dem og steg dem på begge sider i lidt olie.

Fordel bønner og auberginer i gryden, indtil alle ingredienser er brugt. Afslut med et lag aubergine. Drys med revet ost og gryderet.

TRICK

Denne opskrift passer godt til linser eller rester af bønner fra andre konserves.

Wigil suppe

1 kg kikærter

1 kg torsk

500 g spinat

50 g mandler

3L reserve

2 spsk tomatsauce

1 spsk chilipeber

3 skiver stegt brød

2 fed hvidløg

1 grøn peber

1 løg

1 laurbærblad

olivenolie

Salt

UDVIKLING

Læg kikærterne i blød i 24 timer.

I en gryde ved middelhøj varme sauteres finthakket løg, hvidløg og peberfrugt. Tilsæt paprika, laurbærblad og tomatsauce og hæld fiskefonden i. Når det begynder at koge tilsættes kikærterne. Når den er næsten mør tilsættes torsk og spinat.

Riv imens mandlerne med det stegte brød. Hak og tilsæt til gryderet. Kog i yderligere 5 minutter og juster saltet.

TRICK

Kikærter skal kommes i en gryde med kogende vand, ellers stivner de og mister meget let deres skaller.

SORT POCHAS

400 g bønner

500 g hjertemuslinger

½ kop hvidvin

4 fed hvidløg

1 lille grøn peberfrugt

1 lille tomat

1 løg

1 porre

1 cayennepeber

hakket frisk persille

olivenolie

UDVIKLING

Kom bønner, peberfrugt, ½ løg, renset porre, 1 fed hvidløg og tomat i gryden. Dæk med koldt vand og kog indtil grøntsagerne er møre, cirka 35 minutter.

Brun den anden halvdel af løget, cayennepeberen og de resterende meget finthakkede hvidløgsfed hver for sig ved høj varme. Tilsæt hjertemuslinger og bad i vinen.

Tilsæt hjertemuslingerne med den røde bønnesauce, tilsæt persillen og kog i yderligere 2 minutter. Juster saltet.

139

TRICK

Læg skrogene i blød i koldt saltet vand i 2 timer for at løsne eventuel jord.

AJOARRIERO COD

INGREDIENSER

400 g hakket saltet torsk

2 spsk hydreret chorizopeber

2 spsk tomatsauce

1 grøn peber

1 rød peberfrugt

1 fed hvidløg

1 løg

1 chilipeber

olivenolie

Salt

UDVIKLING

Steg grøntsagerne og svits dem ved middel varme, indtil de er meget bløde. Salt.

Tilsæt spiseskefulde chorizopeber, tomatsauce og chilipeber. Tilsæt den strimlede torsk og kog i 2 minutter.

TRICK

Det er den perfekte topping til at lave en lækker empanada.

DAMP SHHERRY DAMP

INGREDIENSER

750 g hjertemuslinger

600 ml sherryvin

1 laurbærblad

1 fed hvidløg

1 citron

2 spsk olivenolie

Salt

UDVIKLING

Rengør skrogene.

Tilsæt 2 spsk olie på en varm pande og steg det hakkede hvidløg let.

Tilsæt hjertemuslinger, vin, laurbærblad, citron og salt på én gang.
Dæk til og kog indtil de åbner sig.

Server hjertemuslingerne med saucen.

TRICK

Til rensning nedsænkes muslingerne i koldt vand med rigeligt salt for
at fjerne sand og snavs.

MONKKENS ALT OG PEBRE MED REJER

Til fiskebouillonen

15 rejehoveder og kroppe

1 hoved eller 2 haleryge af en havtaske eller hvidfisk

Ketchup

1 fjer

1 porre

Salt

til gryderet

1 stor havtaskehale (eller 2 små)

reje krop

1 spsk sød paprika

8 fed hvidløg

4 store kartofler

3 skiver brød

1 cayennepeber

uskallede mandler

olivenolie

salt og peber

Til fiskebouillonen

Tilbered fiskefonden ved at sautere rejekroppe og tomatsauce. Tilsæt knoglerne eller hovedet af havtaske og de julienerede grøntsager. Hæld vand i og lad koge i 20 minutter. Afdryp og smag til med salt.

til gryderet

Brun de uskårne hvidløg i en gryde. Slet og reserver. Brun mandlerne i samme olie. Slet og reserver.

Steg brødet i samme olie. trække sig tilbage.

I en morter og støder knuses hvidløg, en håndfuld hele mandler uden skal, brødskiver og cayennepeber.

Brun peberfrugterne let i hvidløgsolien, pas på ikke at brænde dem på, og kom dem i bouillonen.

Kom kartoflerne i ovnen og kog dem møre. Tilsæt den krydrede havtaske og kog i 3 minutter. Tilsæt kartoffelmos og rejer og kog i yderligere 2 minutter, indtil saucen tykner. Smag til med salt og server varm.

Brug bouillon nok til at dække kartoflerne. Den mest almindelige fisk, der bruges i denne opskrift, er ål, men du kan også bruge enhver kødfuld fisk som hundehat eller conger ål.

OVNSSYNING

1 ren havbrasen, renset og skælvet

25 g rasp

2 fed hvidløg

1 chilipeber

Eddike

olivenolie

Salt

UDVIKLING

Salt indersiden og ydersiden af brasenen og pensl med olie. Drys med rasp og bag ved 180°C i 25 minutter.

Svits imens hakket hvidløg og chilipeber ved middelhøj varme. Hæld lidt eddike fra varmen og hæld denne sauce over brasenen.

TRICK

Sandblæsning indebærer at man skærer over hele fiskens bredde, hvilket gør det muligt for den at tilberede hurtigere.

skaller

INGREDIENSER

1 kg muslinger

1 lille glas hvidvin

1 spiseskefuld mel

2 fed hvidløg

1 lille tomat

1 løg

½ chilipeber

madfarve eller safran (valgfrit)

olivenolie

Salt

UDVIKLING

Læg muslingerne i blød i koldt vand med rigeligt salt i flere timer for at fjerne eventuelt resterende jord.

Efter rensning koges muslingerne i vin og ¼ liter vand. Når den er åbnet, fjern og gem væsken.

Skær løg, hvidløg og tomat i små stykker og brun dem i lidt olie. Tilsæt chilien og kog til den er gennemstegt.

Tilsæt en spiseskefuld mel og kog i yderligere 2 minutter. Bad muslingerne i kogende vand. Kog i 10 minutter og juster saltet. Tilsæt muslingerne og kog i endnu et minut. Tilføj nu farvestof eller safran.

TRICK

Hvidvin kan erstatte sød vin. Saucen er meget god.

Torsk med pilpil

INGREDIENSER

4 eller 5 saltede torskefileter

4 fed hvidløg

1 chilipeber

½ liter olivenolie

UDVIKLING

Brun hvidløg og chilipeber i olivenolien ved svag varme. Tag dem ud og lad olien dryppe lidt af.

Tilsæt torskefileterne med skindsiden opad og steg ved svag varme i 1 minut. Vend og lad hvile i yderligere 3 minutter. Det er vigtigt, at det er kogt i olie og ikke stegt.

Fjern torsken og hæld gradvist olien i, indtil der kun er det hvide stof (gelatine) tilbage, som torsken afgiver.

Fjern fra varmen, og brug en si til at røre med flere tandstikkere eller i cirkulære bevægelser, hvor du gradvist inkorporerer den dekanterede olie. Fordoble mængden i 10 minutter uden at stoppe blandingen.

Når du er færdig, tilsæt torsken og rør i endnu et minut.

TRICK

For at give den en anden karakter, tilsæt et skinkeben eller aromatiske urter til olien, som du steger torsken i.

ANKER I ØL I ØL

INGREDIENSER

Ren benfri ansjos

1 dåse meget kold øl

Mel

olivenolie

Salt

UDVIKLING

Hæld øllet i en skål og tilsæt melet. Bliv ved med at piske konstant, indtil du opnår en tyk konsistens, der næsten ikke flyder, mens ansjoserne bløder.

Steg i rigeligt olie og til sidst salt.

TRICK

Enhver type øl kan bruges. Det ser spektakulært ud med sort.

Blæksprutte

1½ kg ung blæksprutte

1 glas hvidvin

3 spiseskefulde tomatsauce

4 kuverter med blæksprutteblæk

2 løg

1 rød peberfrugt

1 grøn peber

1 laurbærblad

olivenolie

salt og peber

Brun de finthakkede løg og peberfrugt ved svag varme. Når de er stegt tilsættes den rensede og hakkede blæksprutte. Øg varmen og sæson.

Tilsæt hvidvinen og reducer. Tilsæt tomatsaucen, blæksprutteblækposerne og laurbærbladet. Dæk til og lad det simre, indtil blæksprutten er mør.

De kan serveres med god pasta og endda med fritter.

153

RANERO COD CLUB

Pil Pil Cod

10 modne druetomater

4 chorizo peberfrugter

2 grønne peberfrugter

2 røde peberfrugter

2 løg

Sukker

Salt

Kog tomater og peberfrugter ved 180°C, indtil de er bløde.

Efter stegning ristes peberfrugterne tildækket i 30 minutter, skrælles og skæres i strimler.

Skræl og hak tomaterne fint. Kog dem sammen med det hakkede løg og chorizopeber (udblødt i varmt vand i 30 minutter).

Tilsæt de ristede peberfrugter skåret i strimler og kog i 5 minutter. Juster salt og sukker.

Varm pilpillen op med torsk og peberfrugt.

Du kan pynte pilpillen med paprika eller bruge den som bund, læg torsk ovenpå og server med pilpilsauce. Det fungerer også med en god ratatouille.

TUNGE I ORANGE

4 såler

110 g smør

110 ml afkog

1 spsk hakket frisk persille

1 tsk paprika

2 store appelsiner

1 lille citron

Mel

salt og peber

UDVIKLING

Smelt smørret i gryden. Mel og krydr sålerne. Steg i smør på begge sider. Tilsæt paprika, appelsin og citronsaft og bouillon.

Kog over medium-høj varme i 2 minutter, indtil saucen tykner lidt. Pynt med persille og server med det samme.

TRICK

For at få mere citrusjuice, mikroovn dem på fuld kraft i 10 sekunder.

RIOJANA HAVET

INGREDIENSER

4 kulmulefileter

100 ml hvidvin

2 tomater

1 rød peberfrugt

1 grøn peber

1 fed hvidløg

1 løg

Sukker

olivenolie

salt og peber

UDVIKLING

Hak løg, peber og hvidløg fint. Brun det hele på en pande ved middel varme i 20 minutter. Øg varmen, tilsæt vinen og reducer til tørhed.

Tilsæt de revne tomater og kog til der ikke er mere vand. Juster salt, peber og sukker, hvis det er surt.

Svits lænden på en pande, indtil den er brun på ydersiden og saftig indeni. Server med grøntsager.

Salt kulmulen 15 minutter før tilberedning for bedre at fordele saltet.

Torsk med jordbærsauce

INGREDIENSER

4 afsaltede torskefileter

400 g brun farin

200 g jordbær

2 fed hvidløg

1 appelsin

Mel

olivenolie

UDVIKLING

Bland jordbærene med appelsinjuice og sukker. Kog i 10 minutter og rør rundt.

Hak hvidløget og brun det i en gryde med lidt olie. Slet og reserver. Brun den meldryssede torsk i samme olie.

Server torsken med saucen i en separat skål og pynt med hvidløg.

TRICK

Bitter appelsinmarmelade kan erstattes med jordbær. Så skal du bare bruge 100g brun farin.

marinerede ørreder

4 ørreder

½ liter hvidvin

¼ liter eddike

1 lille løg

1 stor gulerod

2 fed hvidløg

4 søm

2 laurbærblade

1 kvist timian

Mel

¼ liter olivenolie

Salt

UDVIKLING

Salt ørreden og drys med mel. Steg i olie i 2 minutter på hver side (de skal være rå i midten). Slet og reserver.

Kog de julienerede grøntsager i det samme fedtstof i 10 minutter.

Badning i eddike og vin. Smag til med et nip salt, krydderurter og krydderier. Kog ved svag varme i yderligere 10 minutter.

Tilsæt ørreden, læg låg på og kog i yderligere 5 minutter. Fjern fra varmen og server afkølet.

162

TRICK

Denne opskrift nydes bedst om aftenen. Resten giver den mere smag. Lav en lækker marineret ørredsalat med rester.

BILBAO-SØMME

1 brasen 2 kg

½ liter hvidvin

2 spiseskefulde eddike

6 fed hvidløg

1 chilipeber

2dl olivenolie

Salt

UDVIKLING

Skær brasenen, krydr med salt og peber, tilsæt lidt olie og bag ved 200°C i 20-25 minutter. Bad langsomt med vin.

Brun imens det hakkede hvidløg med chilipeberen i 2 dl olie. Fugt med eddike og hæld over havbrasen.

TRICK

Prikning involverer at lave snit i fisken for at gøre det lettere at tilberede.

REJE

INGREDIENSER

250 g rejer

3 fed hvidløg, fileteret

1 citron

1 chilipeber

10 spiseskefulde olivenolie

Salt

UDVIKLING

Kom de pillede rejer i en skål, tilsæt rigeligt salt og citronsaft. Sluk.

Brun det hakkede hvidløg og chilipeber i en gryde. Inden de begynder at brune, tilsæt rejerne og kog i 1 minut.

TRICK

For ekstra smag mariner du rejerne i salt og citron i 15 minutter før stegning.

torskeflager

INGREDIENSER

100 g saltet torsk i pasta

100 g purløg

1 spsk frisk persille

1 flaske kold øl

Farvestof

Mel

olivenolie

salt og peber

UDVIKLING

I en salatskål putter vi torsken, de finthakkede forårsløg og persillen, øllet, lidt farve, salt og peber.

Rør og tilsæt melet, spiseske ad gangen, under konstant omrøring, indtil du har en dej, der har konsistens som lidt tyk (ikke flydende) havre. Lad virke i 20 minutter.

Steg i rigeligt olie og hæld en spiseskefuld dej over. Når de er gyldne tages de ud og lægges på fedtsugende papir.

TRICK

Hvis øl ikke er tilgængeligt, kan det laves med sodavand.

BACALAO DORADO

400 g saltet og revet torsk

6 æg

4 mellemstore kartofler

1 løg

Frisk persille

olivenolie

Salt

Skræl kartoflerne og skær dem i strimler. Vask godt, indtil vandet er klart, og steg derefter i rigeligt varm olie. salt sæson.

Skær løget i julienne. Øg varmen, tilsæt den strimlede torsk og kog til væsken er væk.

Pisk æggene i en anden skål, tilsæt torsk, kartofler og løg. Rådne let i gryden. Smag til med salt og pynt med hakket frisk persille.

For at den skal være saftig, skal den være let krøllet. Kartoflerne er ikke saltet hele vejen, så de ikke mister deres mørhed.

BASKISK KRABBE

1 edderkoppekrabbe

500 gram tomater

75 g Serranoskinke

50 g frisk brødkrummer (eller rasp)

25 g smør

1½ kop brandy

1 spsk persille

1/8 løg

½ fed hvidløg

salt og peber

Kog krabben (1 minut pr. 100 g) i 2 liter vand med 140 g salt. Lad køle af og fjern kødet.

Skær løg og hvidløg i små stykker og skær skinken i tynde julienne strimler. Tilsæt revne tomater og hakket persille og kog indtil en tør pasta dannes.

Tilsæt kongekrabbekødet, dæk med brandy og flamber. Tilsæt halvdelen af krummerne fra panden og fyld krabben med dem.

Fordel de resterende rasp ovenpå og pensl med hakket smør. Bages til overfladen er gyldenbrun.

169

TRICK

Den kan også tilberedes med en god iberisk chorizo og endda fyldt med moden ost.

ANCOOL MED Eddike

INGREDIENSER

12 ansjoser

300cl vineddike

1 fed hvidløg

Hakket persille

ekstra jomfru oliven olie

1 tsk salt

UDVIKLING

Læg de rensede ansjoser på en flad tallerken med eddike fortyndet i vand og salt. Lad stå i køleskabet i 5 timer.

Mariner imens finthakket hvidløg og persille i olie.

Fjern ansjoserne fra eddiken og pensl dem med olie og hvidløg. Stil i køleskabet i yderligere 2 timer.

TRICK

Vask ansjoserne flere gange, indtil vandet er klart.

TORSK MÆRKE

¾ kg afsaltet torsk

1dl mælk

2 fed hvidløg

3dl olivenolie

Salt

I en lille gryde ved middel varme opvarmes olivenolie og hvidløg i 5 minutter. Tilsæt torsken og kog ved meget svag varme i yderligere 5 minutter.

Varm mælken op og hæld den i et røreglas. Tilsæt skindfri torsk og hvidløg. Pisk indtil du får en god pasta.

Tilsæt olien, pisk konstant, indtil du opnår en homogen masse. Tilsæt salt og brun i ovnen ved maksimal effekt.

Den spises på ristet brød og drysses med lidt aioli.

ADOBO POWDER (BIENMESABE)

500 g frugtflagermus

1 kop eddike

1 flad spiseskefuld stødt spidskommen

1 spsk sød paprika

1 flad spiseskefuld oregano

4 laurbærblade

5 fed hvidløg

Mel

olivenolie

Salt

Læg den tidligere hakkede hundehat og rengør den i en dyb beholder.

Tilsæt en håndfuld salt og teskefulde paprika, spidskommen og oregano.

Knus hvidløget med skindet og læg det i beholderen. Knæk og tilsæt laurbærbladene. Til sidst tilsættes endnu et glas eddike og endnu et glas vand. Jeg hviler mig om natten.

Tør, mel og steg hundehajens stykker.

Hvis spidskommen er friskkværnet, tilsæt kun ¼ spsk. Den kan også tilberedes med andre fisk, såsom pomfret eller havtaske.

CITRUSFRUGTER OG TUNAGURKER

800 g tun (eller frisk tun)

70 ml eddike

140 ml vin

1 gulerod

1 porre

1 fed hvidløg

1 appelsin

½ citron

1 laurbærblad

70 ml olie

salt og peber

UDVIKLING

Gulerod, porre og hvidløg skæres i stave og steges i lidt olie. Når grøntsagerne er møre tilsættes eddike og vin.

Tilsæt laurbærblad og peber. Tilsæt salt og kog i yderligere 10 minutter. Tilsæt skal og saft af citrusfrugterne og tun skåret i 4 stykker. Kog i yderligere 2 minutter og stil til side tildækket.

Følg de samme trin for at lave en lækker kyllingemarinade. Du skal blot svitse kyllingen, før du tilføjer den til marinadepanden og steg i yderligere 15 minutter.

REJEPELKE

500 g rejer

100 g mel

½ dl kold øl

Farvestof

olivenolie

Salt

UDVIKLING

Pil rejerne uden at fjerne enden af halen.

I en skål blandes melet, lidt madfarve og saltet. Indfør gradvist og fortsæt med at slå øllet.

Tag rejerne i halen, kom dem i den forrige dej og steg dem i rigeligt olie. Når de er gyldenbrune, fjernes og lægges til side på absorberende papir.

TRICK

Du kan tilføje 1 tsk karry eller paprika til melet.

TUNSTREMME MED BASILIKUM

INGREDIENSER

125 g tun på dåse i olie

½ liter mælk

4 æg

1 skive sandwichbrød

1 spsk revet parmesan

4 friske basilikumblade

Mel

olivenolie

salt og peber

UDVIKLING

Bland tunen med mælk, æg, sandwichbrød, parmesan og basilikum.
Drys med salt og peber på toppen.

Hæld dejen i individuelle forme, der på forhånd er smurt med fedtstof
og drysset med mel, og kog i bain-marie ved 170°C i 30 minutter.

TRICK

Du kan også lave denne opskrift med dåsemuslinger eller sardiner.

MENIERSÅLEN

6 såler

250 g smør

50 g citronsaft

2 spsk finthakket persille

Mel

salt og peber

UDVIKLING

Krydr og mel hoveder og skind på sålerne. Steg på begge sider i smeltet smør ved middel varme, pas på ikke at brænde melet på.

Fjern fisken og tilsæt citronsaft og persille i gryden. Kog i 3 minutter under konstant omrøring. Server fisken med saucen.

TRICK

Tilføj nogle kapers for at give et lækkert touch til opskriften.

LAKSELÅDER MED CAVA

INGREDIENSER

2 laksefileter

½ liter mousserende vin

100 ml fløde

1 gulerod

1 porre

olivenolie

salt og peber

UDVIKLING

Krydr laksen og svits den på begge sider. Forbehold.

Skær gulerod og porre i tynde, lange stave. Sauter grøntsagerne i den samme olie, som blev brugt til at koge laksen i 2 minutter. Tilsæt cava og reducer til det halve.

Tilsæt fløden, kog i 5 minutter og tilsæt laksen. Kog i yderligere 3 minutter og juster salt og peber.

TRICK

Laks kan dampes i 12 minutter og serveres med denne sauce.

BILBAO BÆNGE MED PIQUILTOS

INGREDIENSER

4 bar

1 spiseskefuld eddike

4 fed hvidløg

Piquillo peber

125 ml olivenolie

salt og peber

UDVIKLING

Fjern havaborrefileterne. Smag til med salt og peber og kog ved høj varme til de er gyldenbrune på ydersiden og saftige på indersiden. Tag ud og reserver.

Hak hvidløg og brun i samme olie som fisken. Fugt med eddike.

Brun peberfrugterne i samme gryde.

Server havaborrefileterne med saucen og tilsæt paprikapulveret.

TRICK

Bilbaosauce kan laves på forhånd; Så er det bare at varme op og servere.

MUS I VINAIGRETE

1 kg muslinger

1 lille glas hvidvin

2 spiseskefulde eddike

1 lille grøn peberfrugt

1 stor tomat

1 lille nyt løg

1 laurbærblad

6 spiseskefulde olivenolie

Salt

UDVIKLING

Rengør formene grundigt med en ny metalsvamp.

Kom muslingerne i en gryde sammen med vinen og laurbærbladet. Dæk til og kog over høj varme, indtil de åbner sig. Gem en af skallerne og smid den væk.

Tilbered en vinaigrette ved at hakke tomater, forårsløg og peberfrugt fint. Smag til med eddike, olie og salt. Rør rundt og hæld muslingerne i.

Lad det stå natten over for at intensivere smagen.

MARMITAKO

300 g tun (eller bonito)

1 liter fiskefond

1 spsk chorizo peber

3 store kartofler

1 stor rød peberfrugt

1 stor grøn peberfrugt

1 løg

olivenolie

salt og peber

Brun løg og peber i tern. Tilsæt en spiseskefuld chorizopeber og skrællede og hakkede kartofler. Rør i 5 minutter.

Tilsæt fiskefonden og når det begynder at koge tilsættes salt og peber. Kog ved svag varme til kartoflerne er faste.

Sluk for varmen, og tilsæt derefter den hakkede og krydrede tun. Lad stå 10 minutter før servering.

Tun kan erstattes med laks. Resultatet er overraskende.

SALTBAR

INGREDIENSER

1 havbars

600 g groft salt

UDVIKLING

Dræn og rens fisken. Læg et lag salt på pladen, læg havbarsen ovenpå og dæk med det resterende salt.

Bages ved 220°C til saltet stivner og krakelerer. Dette svarer til cirka 7 minutter pr. 100 g fisk.

TRICK

Fisk kogt i salt bør ikke skrælles, da skæl beskytter kødet mod høje temperaturer. Du kan krydre saltet med krydderurter eller tilsætte æggehvider.

DAMP-MUS

1 kg muslinger

1dl hvidvin

1 laurbærblad

Rengør formene grundigt med en ny metalsvamp.

Læg muslinger, vin og laurbærblad i en varm gryde. Dæk til og kog over høj varme, indtil de åbner sig. Kassér alle, der ikke er blevet åbnet.

I Belgien er det en meget populær ret, ledsaget af gode pommes frites.

Galicisk kulmule

4 skiver kulmule

600 g kartofler

1 tsk paprika

3 fed hvidløg

1 mellemstor løg

1 laurbærblad

6 spiseskefulde ekstra jomfru olivenolie

salt og peber

UDVIKLING

opvarm vand i en gryde; Tilsæt de skivede kartofler, hakkede løg, salt og laurbærblad. Kog ved svag varme i 15 minutter, indtil de er møre.

Tilsæt de krydrede kulmuleskiver og kog i yderligere 3 minutter. Dræn kartoflerne og kulmulen og læg dem i en lergryde.

Brun det hakkede eller hakkede hvidløg i en gryde; Når de er gyldenbrune, tages de af varmen. Tilsæt peberfrugten, bland og hæld saucen over fisken. Server hurtigt med lidt kogende vand.

Det er vigtigt, at mængden af vand er lige akkurat nok til at dække fisken og kartoffelskiverne.

Koskera kulmule

1 kg kulmule

100 gram kogte ærter

100 g løg

100 g muslinger

100 g rejer

1 dl fiskefond

2 spsk persille

2 fed hvidløg

8 knapper

2 hårdkogte æg

Mel

salt og peber

Skær kulmulen i skiver eller fileter. Krydr og mel.

Svits finthakket løg og hvidløg i en gryde til det er blødt. Øg varmen, tilsæt fisken og svits let på begge sider.

Tilsæt bouillon og kog i 4 minutter, mens du hele tiden rører i gryden for at tykne saucen. Tilsæt pillede rejer, asparges, rensede muslinger, ærter og kvarte æg. Sauter i endnu et minut og drys med hakket persille.

190

TRICK

Salt kulmulen 20 minutter før tilberedning for bedre at fordele saltet.

HVIDLØG OG CITRON KNIV

2 dusin knive

2 fed hvidløg

2 kviste persille

1 citron

ekstra jomfru oliven olie

Salt

UDVIKLING

Dagen før placeres barbermaskinerne i en skål med koldt vand og salt dem for at fjerne sandrester.

Dræn dem, læg dem i en gryde, læg låg på og kog over medium-høj varme, indtil de åbner sig.

Imens hakkes hvidløg og persillekviste fint og blandes med citronsaft og olivenolie. Smag barbermaskinerne til med denne sauce.

TRICK

De er lækre med en hollandaise eller bearnaisesauce (s. 532-517).

VEJBYGNING

INGREDIENSER

500 g hovedløs skorpion

125 ml tomatsauce

¼ liter fløde

6 æg

1 gulerod

1 porre

1 løg

brødkrummer

olivenolie

salt og peber

UDVIKLING

Kog skorpionfisken med de rensede og hakkede grøntsager i 8 minutter. Salt.

Knus skorpionkødet (uden hud og ben). Kom i en skål med æg, fløde og tomatsauce. Bland og smag til med salt og peber.

Smør formen og drys med rasp. Fyld med den forrige dej og sæt den i en bain-marie i ovnen ved 175°C i 50 minutter eller indtil pinden kommer ren ud. Serveres koldt eller varmt.

Du kan erstatte skorpionen med enhver anden fisk.

ŻABNICKA MED BLØD HVIDLØGSCREME

4 små havtaskehaler

50 gram sorte oliven

400 ml fløde

12 fed hvidløg

salt og peber

Kog hvidløget i koldt vand. Når de begynder at koge, tages de ud og vandet hældes i. Gentag den samme proces tre gange.

Kog derefter hvidløget i creme fraiche i 30 minutter ved svag varme.

Tørrede udstenede oliven til tørring i mikroovn. Læg dem i en morter og stød, indtil du får et olivenpulver.

Krydr havtaske og kog ved høj varme, indtil den er saftig udenpå og gyldenbrun indvendig.

Smag saucen til. Server havtaske med saucen på den ene side og olivenstøvet på toppen.

Smagen af denne sauce er mild og lækker. Hvis det er meget flydende, så lad det koge et par minutter mere. Hvis den er for tyk, tilsæt lidt varm flydende fløde og rør rundt.

Cider kulmule med æblekompot og mynte

4 stykker kulmule

1 flaske cider

4 spiseskefulde sukker

8 mynteblade

4 æbler

1 citron

Mel

olivenolie

salt og peber

Krydr kulmulen, mel den og brun den i lidt varm olie. Fjern og læg på en bageplade.

Skræl æblerne, hak dem fint og kom dem i gryden. Dæk med æblecider og kog ved 165°C i 15 minutter.

Tag æblerne og saucen. Bland sukker og mynteblade.

Server fisken med kompotten.

En anden version af samme opskrift. Drys kulmulen med mel, brun den og kom den på panden med æbler og cider. Lad simre i 6 minutter. Fjern kulmulen og lad saucen reducere. Bland derefter mynte og sukker.

MARINERET LAKS

1 kg laksefilet

500 gram sukker

4 spsk hakket dild

500 gram groft salt

olivenolie

I en skål blandes saltet med sukker og dild. Læg halvdelen i bunden af arket. Tilsæt laksen og dæk med den anden halvdel af blandingen.

Lad stå i køleskabet i 12 timer. Tag ud og vask med koldt vand. Fileter og dæk med olie.

Salt kan smages til med enhver urt eller krydderi (ingefær, nelliker, karry osv.).

Ørred med blå ost

4 ørreder

75 g blåskimmelost

75 g smør

40 cl flydende fløde

1 lille glas hvidvin

Mel

olivenolie

salt og peber

I en gryde varmes smørret op med lidt olie. Brun de meldryssede og saltede ørreder i 5 minutter på hver side. Forbehold.

Hæld vin og ost i det resterende fedtstof efter stegning. Kog under konstant omrøring, indtil vinen næsten er væk, og osten er helt smeltet.

Tilsæt fløde og kog til den ønskede konsistens. Smag til med salt og peber. ørred sauce.

Lav en sød og sur blåskimmelostdip ved at erstatte cremen med frisk appelsinjuice.

Sojamarineret tun tataki

INGREDIENSER

1 tun mørbrad (eller laks)

1 kop soja

1 kop eddike

2 dybe spiseskefulde sukker

Skallen af en lille appelsin

Hvidløg

ristet sesam

Ingefær

UDVIKLING

Rens tunen godt og skær den i stykker. Steg let på alle sider i en meget varm pande og afkøl straks i isvand for at stoppe kogningen.

I en skål kombineres soja, eddike, sukker, appelsinskal, ingefær og hvidløg. Tilsæt fisken og lad den marinere i mindst 3 timer.

Pensl med sesamfrø, skær i små skiver og server.

TRICK

Denne opskrift skal laves med forfrosset fisk for at undgå anisac.

kulmule kage

1 kg kulmule

1 liter fløde

1 stort løg

1 kop brandy

8 æg

stegt tomat

olivenolie

salt og peber

UDVIKLING

Skær løget i julienne og brun det i en gryde. Tilsæt kulmulen, når den er mør. Kog indtil fast og smuldrende.

Øg derefter varmen og hæld cognacen i. Reducer og tilsæt lidt tomat.

Fjern fra varmen og tilsæt æg og fløde. ødelægge alt. Smag og form. Bages bain-marie i ovnen ved 165°C i mindst 1 time eller til nålen kommer ren ud.

TRICK

Server med rosé eller remoulade. Den kan tilberedes med enhver udbenet hvid fisk.

SOVE FYLDTE PEBER

250 g saltet torsk

100 g rejer

2 spsk stegte tomater

2 smørskeer

2 spsk mel

1 dåse piquillo peberfrugt

2 fed hvidløg

1 løg

Brandy

olivenolie

salt og peber

UDVIKLING

Dæk torsken med vand og kog i 5 minutter. Fjern vandet og reserver til kogning.

Kog løget og hvidløgsfeddene skåret i små stykker. Pil rejerne og kom skindet i løggryden. Steg godt. Øg varmen og tilsæt et skvæt cognac og ristede tomater. Dyp torsken i kogevandet og kog i 25 minutter. Bland og filtrer.

Steg og behold de hakkede rejer.

Brun melet i smørret i cirka 5 minutter, tilsæt den afdryppede bouillon og kog i yderligere 10 minutter, pisk med et piskeris.

Tilsæt den hakkede torsk og stegte rejer. Smag til med salt og peber og stil på køl.

Fyld peberfrugterne med den forrige pasta og server.

TRICK

Den ideelle sauce til disse peberfrugter er Biscayenne (se afsnittet om bouillon og saucer).

RADIO

1 kg hel blæksprutte

150 gram hvedemel

50 g kikærtemel

olivenolie

Salt

Rens blæksprutten grundigt ved at fjerne det ydre skind og rense indersiden grundigt. Skær dem i tynde strimler på langs og ikke i bredden. Salt.

Bland hvedemel og kikærtemel og pensl blæksprutten med det.

Varm olien godt op, og steg langsomt blæksprutten, indtil den er gyldenbrun. Server straks.

Salt blæksprutten 15 minutter i forvejen og svits dem i meget varm olie.

PÅFÅVELSOLDATER

INGREDIENSER

500 g saltet torsk

1 spsk oregano

1 spsk stødt spidskommen

1 spiseskefuld madfarve

1 spsk chilipeber

1 kop eddike

2 fed hvidløg

1 laurbærblad

Mel

varm olie

Salt

UDVIKLING

Kombiner oregano, spidskommen, paprika, presset hvidløg, 1 kop eddike og 1 kop vand i en skål, og smag til med en knivspids salt. Læg den afsaltede torsk, skåret i strimler, i marinaden i 24 timer.

Bland madfarve og mel. Pensl torskestrimlerne med mel, dræn dem og steg dem i en stor mængde varm olie.

Server straks for at holde indersiden blød og ydersiden sprød.

REJECREME

125 g rå rejer

75 gram hvedemel

50 g kikærtemel

5 tråde safran (eller farvestoffer)

¼ purløg

Frisk persille

ekstra jomfru oliven olie

Salt

UDVIKLING

Rist safranen pakket ind i folie et par sekunder i ovnen.

I en skål blandes mel, salt, safranpulver, finthakket purløg, hakket persille, 125 ml meget koldt vand og rejerne.

Dejkuglerne steges i rigeligt olie. Lad sidde indtil gyldenbrun.

TRICK

Dejen skal have konsistens som yoghurt, når den blandes med en ske.

Ørred i Navarra

INGREDIENSER

4 ørreder

8 skiver Serranoskinke

Mel

olivenolie

Salt

UDVIKLING

Læg 2 skiver Serranoskinke på hver ren og renset ørred. mel og smag til med salt.

Steg i rigeligt olie og tør overskydende fedt af på fedtsugende papir.

TRICK

Oliens temperatur skal være moderat høj, så den ikke køler udvendigt og varmen ikke trænger ind i fisken.

LAKSETARTAR MED AVOCADO

500 g udbenet, skindfri laks

6 kapers

4 tomater

3 syltede agurker

2 advokater

1 fjer

saft af 2 citroner

Tabasco

olivenolie

Salt

UDVIKLING

Skræl og kerner tomaterne. Dræn avocadoen. Hak alle ingredienserne så fint som muligt og bland i en skål.

Smag til med citronsaft, et par dråber Tabasco, olivenolie og salt.

TRICK

Den kan tilberedes med røget laks eller andre lignende fisk som f.eks. ørred.

Galiciske kammuslinger

8 kammuslinger

125 g løg

125 g Serranoskinke

80 g rasp

1 spsk frisk persille

½ tsk sød paprika

1 hårdkogt æg, hakket

Hak løget fint og steg ved svag varme i 10 minutter. Tilsæt den hakkede skinke og kog i yderligere 2 minutter. Tilsæt peberfrugt og kog i yderligere 10 sekunder. Tag ud og lad afkøle.

Når det er afkølet, kom det over i en skål og tilsæt brødkrummer, hakket persille og æg. At forstyrre.

Fyld kammuslingerne med den forrige blanding, læg dem på en tallerken og steg dem ved 170°C i 15 minutter.

For at spare tid skal du forberede dem på forhånd og tilberede dem den dag, du har brug for dem. Det kan også tilberedes med kammuslinger og endda østers.

KYLLING I SVAMPESAUCE

INGREDIENSER

1 kylling

350 g svampe

½ liter hønsebouillon

1 glas hvidvin

1 kvist timian

1 kvist rosmarin

1 laurbærblad

2 tomater

1 grøn peber

1 fed hvidløg

1 løg

1 cayennepeber

olivenolie

salt og peber

UDVIKLING

Skær kyllingen i skiver, krydr og svits ved høj varme. Slet og reserver. Brun løg, cayennepeber, peber og hvidløg skåret i meget små stykker i den samme olie ved svag varme i 5 minutter. Skru op for varmen og tilsæt de revne tomater. Kog indtil alt vandet er væk fra tomaten.

Kom kyllingen tilbage og bad den i vinen til den er gennemstegt og saucen næsten tør. Tilsæt bouillon og tilsæt de aromatiske urter. Kog i cirka 25 minutter eller indtil kyllingen er mør.

Brun de flagede og saltede svampe hver for sig i en varm pande med lidt olie i 2 minutter. Tilsæt dem til kyllingegryden og kog i yderligere 2 minutter. Smag til med salt evt.

TRICK

Resultatet er lige så godt, når det tilberedes med kantareller.